UN PATRON QUI EN FAISAIT TROP

Roman policier

Lecture en français facile

– niveau intermédiaire –

(à partir du niveau B1 du C.E.C.R.)

Aide au vocabulaire à la fin de chaque chapitre

Vocabulaire thématique à la fin du livre

Du même auteur,
dans la même série :

La Chance du débutant
Une Simple Affaire de famille
Le Gros Poisson
Un Patron qui en faisait trop

Chapitre 1

Nous sommes au printemps mais le ciel gris donne à la ville de Marseille une atmosphère triste. Le commissariat[1] de Saint-Calmin est dans un léger brouillard[2]. L'inspecteur[3] Julien Dulac n'aime pas ce temps, il est de mauvaise humeur[4]. De plus, depuis deux jours, il s'occupe du travail administratif et il déteste cela. Il faut réorganiser le service : on doit faire des économies, comme toujours ! On doit travailler avec moins de personnel[5], et pourtant, les besoins augmentent. Ce n'est pas facile… Heureusement, le téléphone sonne et apporte un peu de vie dans le bureau. La personne qui appelle, c'est le brigadier[6] Béranger : « Inspecteur, on a une demande pour une disparition. Je m'en occupe ?

– Ça dépend. C'est inquiétant ?

– Une femme est là pour son mari. Il n'est pas rentré hier soir. »

Dulac est déçu. Rien d'intéressant. Il répond simplement : « Vérifiez auprès des hôpitaux et des commissariats de police, au cas où l'homme aurait eu un accident.

– Pas d'enquête[7] ?

– Non, pas encore. Pour l'instant, on fait de simples vérifications par téléphone.

– Mais… la dame est vraiment très inquiète.

– Brigadier, pour ouvrir une enquête, on attend 48 heures. C'est la procédure[8].

– Ce cas est un peu différent...

– Brigadier, vous connaissez les statistiques : dans 98 % des cas, si un homme ne rentre pas chez lui c'est à cause d'un accident de voiture. Ou alors, il trompe[9] sa femme.

– Vous êtes sûr de vos statistiques, inspecteur ? »

Dulac doit continuer son travail de gestion. Pour retrouver un peu de dynamisme, il va dans la petite cuisine du commissariat se faire un café. Dans le couloir, il croise son supérieur, le commissaire[10] Taillefer : « Ça va, Dulac ? » Sans attendre de réponse, le commissaire poursuit : « J'ai une mauvaise nouvelle : Gonthier et Mercier ne seront pas remplacés. Il faudra faire le même travail avec deux agents[11] de moins. »

Julien le savait déjà. Donner des informations inutiles, c'est un peu la spécialité de son chef.

En retournant à son bureau, l'inspecteur passe devant le hall de réception du public. De loin, il voit l'agent Béranger occupé avec une dame blonde, assez grande, d'allure sportive mais très élégante. Elle semble inquiète. C'est peut-être l'épouse du disparu. Elle semble insister. Pour Julien, rien d'intéressant. Avec ce temps gris, il voudrait une véritable affaire[12]. Un crime[13], si possible. Il voudrait quelque chose de compliqué qui mobilise toute son énergie et son intelligence. Mais aujourd'hui, rien de cela. La vie ordinaire du commissariat. S'il veut rester éveillé, il va devoir reprendre quelques cafés.

Bien plus tard, à la fin de cette interminable journée, alors que l'inspecteur va rentrer chez lui, l'agent Béranger entre soudain dans son bureau, sans frapper à la porte : « Inspecteur, dit-il, c'est embarrassant pour nous...

– Quoi donc, Béranger ?

– Vous savez, l'homme qui a disparu, monsieur Perrin... Sa femme est venue ce matin...

– Eh bien ? Il est rentré ?

– Il est mort.

– C'est triste pour lui.

– Inspecteur, nous n'avons rien fait ! Nous n'avons pas pris au sérieux la dame inquiète. Alors, la famille s'est organisée. Avec des amis et des employés de monsieur

Perrin, ils ont fait des recherches. Eux-mêmes. Toute l'après-midi. Et ils ont retrouvé le corps de l'homme ! Jean-Paul Perrin a été assassiné[14] sur un chemin de campagne, à quelques centaines de mètres de sa voiture. »

Julien ne répond pas, il fait de gros efforts pour cacher sa joie : enfin un vrai travail de police !

1) un commissariat : *bâtiment où sont installés les bureaux d'un commissaire de police.*
2) le brouillard : *air humide qui empêche de bien voir.*
3) un inspecteur : *fonctionnaire de police en civil qui travaille sous les ordres d'un commissaire.*
4) l'humeur : *fait de se sentir gai ou triste à un moment donné.*
5) le personnel : *ensemble des personnes qui travaillent pour une entreprise ou une administration.*
6) un brigadier, une brigadière : *policier ou militaire ayant le grade le moins élevé.*
7) une enquête : *recherche de la vérité par l'écoute de témoins et la réunion d'informations et d'indices.*
8) une procédure : *l'ensemble des actes, des formalités qu'il faut accomplir pour parvenir à un résultat.*
9) tromper : *être infidèle à son partenaire amoureux, à son mari/sa femme.*
10) un commissaire : *officier de la police nationale qui s'occupe du maintien de l'ordre et de la sécurité, et qui a sous ses ordres des inspecteurs et des agents de police.*
11) un agent : *personne employée par les services publics ou par des entreprises.*
12) une affaire : *ensemble des faits créant une situation compliquée.*
13) un crime : *faute très grave punie par la loi.*

14) assassiner : *tuer volontairement.*
Un assassin : *qqn qui tue volontairement.*

Chapitre 2

Le lendemain matin, le temps est enfin de saison. Le vent a chassé les nuages et le soleil brille. Une voiture de police sort discrètement du commissariat. C'est l'inspecteur Dulac qui se rend[1] à la morgue[2]. Il est accompagné du brigadier Sommard et d'un nouvel agent, une jeune femme, Béatrice Lorenz.

Arrivés sur place, les trois policiers sont accueillis par le médecin légiste[3]. Cet homme petit, chauve[4] comme un œuf, est toujours aimable et souriant. Julien ne l'a jamais vu de mauvaise humeur. Le docteur Lambert évoque volontiers les affaires passées de l'inspecteur : « Quel scandale, l'affaire Labastut ! Vous avez vu, les gros poissons s'en sortent toujours. Quand je pense que Ricotti…

– Docteur, dans le cas présent, que peut-on dire du corps de monsieur Perrin ? interrompt Julien.

– Un vieux truc[5].

– Quoi, l'homme ? Il était âgé ?

– Non, l'arme[6]. »

Alors le médecin ouvre son dossier et lit lentement :

« Jean-Paul Perrin était un homme de 42 ans, en parfaite santé.

Son décès[7] provient de différentes lésions cranio-thoraciques provoquées par une arme à feu.

Trois balles[8] ont été tirées par derrière : une balle dans le dos au niveau du cœur ; deux autres balles derrière la tête.

– Et l'arme ? On l'a retrouvée ? demande Dulac.

– Non, pas d'arme à proximité. Par contre, nous avons retrouvé les balles dans le corps de l'homme : une balle fragmentée, derrière le lobe frontal. Et une autre balle, intacte, dans le thorax.

– Cette autre balle a été analysée ?

– Oui, elle provient d'une arme rare, un vieux calibre[9] de 8 millimètres. »

Le docteur Lambert et Julien se connaissent bien. L'inspecteur sait que le médecin va se passer la main sur sa tête chauve et qu'il va donner son point de vue : « Ça, inspecteur, c'est une exécution en règle !

– Vous pensez à un tueur[10] professionnel ? demande Julien.

– Probablement pas. L'arme est ancienne. Mais, le meurtre[11] a été « vite fait, bien fait ». La victime n'a eu aucune chance !

– Il n'y a pas eu de poursuite ou de lutte ?

– Non, l'homme a été tué à une distance de 3 ou 4 mètres. Le corps n'a aucune marque de coup, pas même une égratignure. Ses vêtements ne sont pas abîmés.

– Cela veut dire que monsieur Perrin connaissait son agresseur ?

– Pas forcément. En tout cas, il ne se méfiait pas et marchait tranquillement. Il n'avait pas de raison de craindre la personne derrière lui. »

À son tour, le médecin légiste est curieux : « Ce monsieur Perrin, c'était qui ?

– Apparemment, un homme sans histoires, répond Julien. Il est inconnu des services de police, marié, entrepreneur. Un soir, il n'est pas rentré à la maison. Sa femme est venue le lendemain matin nous signaler sa disparition. Ensuite, l'après-midi même, la famille a organisé des recherches. Ce sont eux qui ont retrouvé le corps. »

Le docteur Lambert fait, comme toujours, une remarque juste : « La famille a été très réactive et très organisée. Ces gens devaient avoir peur de quelque chose. Monsieur Perrin avait peut-être des ennemis, il était peut-être menacé…

– Pour être franc, répond Julien, je regrette qu'ils aient trouvé le corps avant nous. Mais vous me comprenez, vous. Nous avons des ordres : la police ne peut intervenir qu'après un certain délai. Les adultes sont libres de ne pas rentrer chez eux le soir, sans rien dire à personne ; on ne commence pas de recherches immédiatement.

– Bien sûr, inspecteur, je comprends. D'ailleurs, je vais vous faire une confidence : moi-même, il y a des soirs où j'ai envie de prendre ma voiture, d'aller au bord de mer, sans le dire à ma femme !

– À mon tour de vous faire une confidence, docteur. Moi aussi, les jours où je n'ai pas une bonne enquête, un bon crime, un bon coupable[12] à trouver, j'ai envie de partir très loin d'ici. Et de ne pas prévenir[13] ma mère ! »

1) se rendre : *aller quelque part.*
2) la morgue : *lieu où l'on dépose provisoirement le corps des personnes qui viennent de mourir.*
3) un médecin légiste : *médecin chargé d'examiner le corps d'une personne morte.*
4) chauve : *qui n'a plus de cheveux.*
5) un truc : *(style familier) chose non identifiée. Bidule, machin.*
6) une arme : *instrument qui sert à tuer ou à blesser.*
7) un décès : *mort d'une personne.*
8) une balle : *petit objet de métal envoyé par une arme à feu et qui peut blesser ou tuer.*
9) un calibre : *diamètre intérieur du canon d'une arme à feu.*
10) un tueur : *personne dont le métier est de tuer.*

11) un meurtre : *action de tuer volontairement quelqu'un. Crime, homicide, assassinat.*
12) un coupable : *une personne qui a fait qqch de mal.*
13) prévenir : *avertir, informer.*

Chapitre 3

De la morgue, les policiers doivent se rendre chez Stéphanie Perrin, l'épouse de la victime. Ils reprennent leur voiture. La circulation commence à être dense[1] dans le centre-ville. On avance lentement. La brigadière Lorenz est au volant[2]. Julien s'adresse à elle : « Je suis content de vous avoir à nos côtés, Béatrice. Je n'ai pas eu le temps de vous accueillir dans notre service. J'espère que tout se passe bien pour vous.

– Vous m'appelez par mon prénom, inspecteur ?

– Euh, non, Lorenz. C'est que…

– Vous m'appelez par mon prénom parce que je suis une femme. Alors que l'agent Sommard, comme c'est un homme, vous l'appelez Sommard, et pas Émile !

– Détrompez[3]-vous, agent Lorenz. Parfois…

Le brigadier Sommard ne dit rien. Il ne vient pas en aide à son chef, la conversation l'amuse. Brusquement, Julien en a assez de se justifier : « Agent Lorenz, ne voyez pas de discrimination partout ! Je vous le garantis : pour me casser les pieds[4], vous êtes sûrement aussi forte que… Émile ! »

Les policiers arrivent enfin dans le quartier de La Roseraie. La voiture ralentit[5] et s'arrête devant une maison toute neuve, immense. C'est le domicile[6] des Perrin. La femme de l'entrepreneur assassiné les attend. C'est une femme grande, blonde, aux cheveux mi-longs. Elle est bien maquillée et bien coiffée. Elle se tient droit, elle semble tonique et forte. Son regard est fixe. On ne peut voir aucune émotion sur son visage. Elle parle d'une façon un peu mécanique : « Vous venez bien tard, inspecteur. Quand je me suis rendue à la police, je savais déjà que c'était grave. »

Une fois encore, Julien doit s'expliquer : « Il se trouve

que 98 % des hommes qui ne rentrent pas chez eux… Euh… Enfin, nous commençons nos enquêtes après 48 heures de disparition. Pas avant. C'est la procédure. Cela doit vous paraître...

– Ça m'est égal, inspecteur. Nous nous sommes passés de[7] vos services. »

La phrase est méprisante[8], mais madame Perrin parle sans expression, elle semble ne faire qu'une simple constatation. L'inspecteur Dulac répond calmement : « Madame Perrin, nous mettrons tout en œuvre pour retrouver le coupable. »

Derrière lui, une voix féminine se fait entendre : « Le ou la coupable. » C'est la brigadière Lorenz. Julien continue, imperturbable : « Madame Perrin, dit-il, votre mari avait-il des ennemis ?

– Mon mari n'avait pas d'ennemis. Son entreprise marchait bien ; il avait peut-être des concurrents[9] mais pas d'ennemis.

– Avait-il des loisirs ?

– Pas vraiment. Il travaillait comme un fou. Son entreprise, c'était sa vie.

– Pourquoi étiez-vous si inquiète au commissariat ?

– Mon mari et moi étions en contact constant par téléphone portable. Nous communiquions beaucoup par SMS. Si Jean-Paul avait été retardé quelque part, il m'aurait prévenue.

– Qu'a-t-il fait le jour de sa disparition ?

– Comme tous les jours, il est parti au travail à 7h30. Il a dû arriver à son bureau vers 8h. Il m'a téléphoné au milieu de la matinée. Puis, je n'ai plus eu de nouvelles. Cela m'a un peu étonnée car, même lorsqu'il va sur un chantier[10], il m'envoie un SMS dans l'après-midi. Et le soir, avant de rentrer, j'ai toujours un autre petit message de lui. C'est un mari très attentif, il se comporte comme si nous venions de nous rencontrer.

– Que pensez-vous de sa mort ?

– Aucune idée. Quelqu'un s'est peut-être trompé de cible[11].

Les policiers reviennent à leur voiture. Le brigadier Sommard a retrouvé la parole : « L'homme le plus sérieux du monde qui finit assassiné sur un chemin de campagne ! Je ne peux pas croire cela. Perrin avait peut-être des dettes[12], ou bien, il se droguait pour faire face au stress… ou alors, il avait une double vie. Quelque chose. »

Oui, « quelque chose ». Dulac compte bien découvrir ce « quelque chose » !

1) dense : *qui comporte beaucoup d'éléments dans peu de place. Épais, compact.*
2) un volant : *objet circulaire qui permet de tourner les roues d'un véhicule. Être au volant : conduire.*
3) se détromper : *se rendre compte que l'on s'est trompé.*
4) casser les pieds à qqn : *le gêner, l'ennuyer.*
5) ralentir : *rendre plus lent (un mouvement, une progression). Freiner.*
6) un domicile : *lieu où l'on habite.*
7) se passer de : *vivre sans, agir sans.*
8) méprisant(e) : *qui manifeste du mépris, qui considère qqn comme indigne d'attention. Arrogant, dédaigneux.*
9) un concurrent : *personne en concurrence, en rivalité avec qqn d'autre.*
10) un chantier : *lieu où des ouvriers travaillent ensemble pour construire une maison ou autre chose.*
11) une cible : *but que l'on vise et sur lequel on tire.*
12) une dette : *somme d'argent qu'une personne doit à une autre personne.*

Chapitre 4

À midi, les trois policiers décident de déjeuner ensemble. L'agent Sommard n'est pas très heureux : l'inspecteur Dulac veut absolument choisir un restaurant sur le lieu[1] de l'enquête, c'est-à-dire dans la zone[2] industrielle où se trouve l'entreprise Perrin.

Il est encore un peu tôt. Dans le restaurant, les clients commencent juste à arriver. Ce sont les employés des entreprises de cette zone, du moins ceux qui n'ont pas assez de temps pour rentrer chez eux. Sommard tourne autour du buffet[3] d'un air mécontent[4] : « Chef, vous ne nous avez pas gâté ! s'exclame le brigadier. Cet endroit est sinistre. C'est une usine à manger !

– Oui, Sommard, mais ainsi nous comprenons comment vivent les employés de monsieur Perrin. D'ailleurs, ne parlons pas trop fort, il y en a peut-être dans la salle.

– Chef, si c'est l'un d'entre eux qui a commis[5] l'assassinat, il aura des circonstances atténuantes[6]. Déjeuner ici tous les jours provoque certainement des comportements inhumains. »

Lorenz plaisante : « Vous avez compris le message, inspecteur ? Vous risquez votre vie si vous nous emmenez trop souvent déjeuner dans des endroits pareils ! »

Julien aussi plaisante : « Agent Lorenz, vous sembliez très contente devant le grand choix de légumes verts du buffet ! Ne dites pas que c'est faux, je vous ai observée ! »

Le restaurant est progressivement devenu très bruyant. L'inspecteur et les deux agents sont contents de sortir de cet endroit. Ils se rendent aussitôt chez Perrin Fenêtres. C'est un grand bâtiment moderne et soigné, avec un accueil, des bureaux vitrés[7] et un atelier[8]. Dès leur arrivée, la jeune femme à l'entrée a compris que les trois personnes qui entraient étaient de la police. Dulac montre sa carte et demande à interroger le personnel.

Le premier employé interrogé, David, est un métreur[9]. L'homme semble fatigué, il a des cernes sous les yeux. Julien commence : « Je suis désolé de ce qui est arrivé à votre patron[10]. Je vais vous poser quelques questions afin de mieux comprendre la personnalité de monsieur Perrin. Cela ne sera pas long.

– Je vous en prie, inspecteur. Faites votre métier. Je souhaite, comme tout le monde, que l'on retrouve celui qui a fait ça.

– Vous travaillez depuis longtemps chez Perrin Fenêtres ?

– Cinq ans.

– Quel style de patron était monsieur Perrin ?

– On n'avait pas l'impression que c'était un patron. Ce n'est pas parce qu'il est mort que je dis ça. Jean-Paul était un homme actif, travailleur, exigeant[11]. Il vivait pour son entreprise. On le respectait. Mais il était simple. Le matin, il faisait le tour de l'atelier et des bureaux, il venait dire bonjour à tout le monde. Et puis, tous les vendredis soir, on dînait en ville. Il était généreux. Tout le monde était invité, jusqu'au plus petit employé. On faisait la fête, ça durait jusqu'à deux ou trois heures du matin. Il était généreux, je vous dis. Il dépensait beaucoup d'argent.

– Vous l'aimiez bien, il semble.

– Oui. Tout le monde l'aimait bien. Vous savez, ici, on travaille beaucoup, on fait plus que nos heures. Mais on le fait volontiers, ce n'est pas une entreprise comme les autres.

– Et en tant qu'homme, comment était-il ?

– Travailleur, ça, c'est sûr ! Et il dépensait sans compter, comme je vous ai dit. Un peu « m'as-tu-vu »[12]. Il invitait tout le monde, peut-être pour montrer sa réussite, son argent. Peut-être pour être admiré et avoir du monde autour de lui. Quoi qu'il en soit, il voulait profiter de la vie. Il aimait les belles voitures. Et… il aimait les femmes aussi.

– Sa femme le savait ?

– Ça ne me regarde pas. Je ne veux rien savoir de ça. Mais… Il ne cherchait pas à être discret !

– Que s'est-il passé lundi, le jour de sa mort ?

– Je l'ai vu le matin à huit heures comme tous les jours, mais je suis parti tout de suite sur un chantier. Quand je suis rentré à midi, il était déjà parti. Je ne l'ai plus revu.

– Je vous remercie. Je vais continuer à interroger les autres employés. Merci encore. Bon courage.

Tous les employés disent la même chose. Jean-Paul Perrin, J.P.P. comme certains l'appellent, était vraiment très aimé. L'homme, patron exigeant et mari volage[13], savait apparemment se faire pardonner[14] ! Si tout le monde était sous le charme de la victime, qui voulait le tuer ?

1) un lieu : *partie précise de l'espace. Endroit, place.*
2) une zone : *portion de territoire.*
3) un buffet : *grande table sur laquelle sont posés des plats de nourriture.*
4) mécontent(e) : *qui n'est pas content, pas satisfait. Contrarié.*
5) commettre : *faire (quelque chose de mal).*
6) des circonstances atténuantes : *faits qui diminuent l'importance d'une mauvaise action.*
7) vitré(e) : *garni de vitres, c.-à-d. de panneaux de verre.*
8) un atelier : *lieu où travaille un artisan, un ouvrier.*
9) un métreur : *ouvrier dont le métier est de mesurer.*
10) un patron, une patronne : *personne qui dirige une entreprise industrielle ou commerciale ; employeur ; artisan ou commerçant qui est propriétaire de son*

commerce.

11) exigeant(e) : *qui a l'habitude d'exiger, qui est difficile à satisfaire.*

12) un « m'as-tu-vu » : *personne qui aime être regardée et admirée.*

13) volage : *qui change facilement de sentiment, infidèle.*

14) pardonner : *excuser (une faute), ne pas en vouloir à la personne qui l'a commise.*

Chapitre 5

En fin d'après-midi, la voiture de police revient au commissariat. Une fois à l'intérieur du parking, Lorenz et Sommard sont un peu étonnés : l'inspecteur ne remonte pas au bureau avec eux, il prend sa voiture personnelle et décide de faire un tour avant de rentrer chez lui. Ce n'est pas dans ses habitudes, Dulac reste toujours très tard au travail. Mais ce soir, il a besoin de sortir pour réfléchir.

Julien traverse le quartier de Saint-Calmin. À l'origine, comme tous les quartiers de Marseille, c'était un ancien village. À présent, c'est un endroit inclus dans la ville, assez tranquille, plutôt bourgeois. Quand Julien rejoint le centre-ville populaire et animé, la circulation est de plus en plus ralentie mais il faut faire de plus en plus attention : les deux-roues[1] roulent très près des voitures et leur coupent la route, inconscients du danger.

Arrivé au Vieux-Port, la vue des bateaux apaise[2] l'inspecteur. Il se dirige vers la Corniche. C'est l'un de ses trajets préférés. La circulation n'est toujours pas fluide, mais elle demande un peu moins d'attention. Le flot des voitures est arrêté ponctuellement par les feux rouges. Longer la mer fait du bien. Dulac n'est plus un flic[3], c'est juste un homme libre, heureux de voir le bleu scintillant de la mer et le soleil couchant à l'horizon. Soudain, il baisse les vitres[4] et monte le son, tout le monde doit profiter de sa musique… ou bien… le monde doit comprendre que celui qui conduit cette voiture est très à l'aise dans la vie.

Quelque temps après, Julien aborde la première calanque[5]. Il se gare loin, marche un certain temps et s'approche du bord de l'eau. Il n'a rien à faire de particulier. Personne ne l'attend. Il vit seul. Il ne vit pas avec sa mère, comme il aime le faire croire ! Simplement, il aime son travail et apprécie la tranquillité quand il rentre chez lui. Son tempérament nerveux ne supporterait personne. Son métier est dur ; chez lui, la solitude et le calme sont des besoins vitaux[6].

Lors d'une enquête de police, se dit Julien, on découvre à quel point les gens sont complexes. Par exemple, Jean-Paul Perrin : à première vue, c'est un homme banal, très occupé par son travail, marié, propriétaire d'une belle maison. Rien de particulier. Et puis, au bout d'une seule journée d'enquête, le personnage[7] n'est plus le même : certes, il est marié et il téléphone souvent à son épouse, mais… il la trompe. Il aime son entreprise et travaille beaucoup, mais, il trouve le temps de faire la fête le vendredi, d'acheter et de conduire de belles voitures… Fini l'homme sérieux et sans histoires ! Et demain, que va-t-on encore apprendre ?

Julien, assis sur la jetée[8], regarde les vagues aller et venir. Bercé par le rythme des flots et la douceur de l'air, il continue sa rêverie : « Une entreprise où tout le monde aime son patron… Hum, hum. Tous les employés avaient-ils envie de faire la fête ? Tous ? Tous les vendredis ? Jusqu'à 2-3 heures du matin ? Avec son patron et ses collègues ? »

À quelques mètres de l'inspecteur Dulac, un couple âgé vient s'asseoir sur la jetée. L'homme sort quelques provisions[9] d'un panier. La femme découvre les bonnes choses à manger. Visiblement, c'est lui qui a tout préparé, il a voulu faire plaisir. Ils vont pique-niquer[10] simplement, en amoureux.

Ça y est, nous sommes vraiment au printemps. Il ne fait pas encore très chaud, mais suffisamment pour que les belles soirées commencent.

En regardant cet homme gentil, Dulac repense à Perrin. Lui aussi paraissait attentif, il téléphonait souvent à sa femme dans la journée. Et pourtant, il était infidèle[11]. Tout le monde le savait. Sa femme pouvait-elle ne rien savoir ? Avait-elle menti à la police ?

1) un deux-roues : *véhicule à deux roues (bicyclette, cyclomoteur, moto).*
2) apaiser : *calmer.*
3) un flic : *(familier) policier.*
4) une vitre : *panneau de verre permettant de voir à l'extérieur lorsqu'on est dans un véhicule.*
5) une calanque : *lieu où la mer pénètre profondément dans les rochers, en Méditerranée.*
6) vital(e) : *essentiel, indispensable à la vie d'un individu.*
7) un personnage : *personne représentée dans un roman, dans un film, dans une pièce de théâtre.*
8) une jetée : *construction, mur qui protège le port des vagues.*
9) des provisions : *nourriture et choses nécessaires à la vie de la maison.*
10) pique-niquer : *faire un pique-nique, c.-à-d. un repas en plein air.*
11) infidèle : *qui est changeant dans ses sentiments, en particulier en amour.*

Chapitre 6

– Sommard ! Lorenz ! Dans mon bureau, s'il vous plaît !

Les deux brigadiers sont un peu étonnés. D'habitude, l'inspecteur Dulac ne les convoque[1] pas. Leur fonction est d'accompagner leur chef sur les lieux de l'enquête. Ils s'occupent de la sécurité de l'inspecteur ou bien ils effectuent des tâches de surveillance, ou alors ils participent aux interrogatoires[2]. Ils ne vont jamais en réunion avec Dulac. Mais ce matin, Julien veut obtenir des réactions de leur part :

– J'ai besoin de connaître vos sentiments[3], dit-il simplement.

– Nos sentiments pour qui ? interroge Sommard.

– Sur l'enquête, Sommard, vos sentiments sur l'enquête ! Que pensez-vous de l'enquête ?

– Ça avance bien, inspecteur.

La brigadière Lorenz baisse la tête, elle a envie de rire. Dulac évite de la regarder :

– Hum… Ce que je veux, c'est votre opinion[4] sur les gens que nous avons interrogés. Comment vous paraissent-ils ? Nous avons une victime apparemment très appréciée[5] de son entourage[6] et qui n'a pas d'ennemis extérieurs. Nous avons rencontré sa femme. Et nous avons interrogé, ensemble, ses employés. Perrin était très aimé. Alors, je vous demande…

– Vous avez dit « aimé » ? interrompt le brigadier. Un patron ? Aimé ? Mais ça n'existe pas !

Lorenz ne dit rien. Julien continue, il joue les naïfs :

– Eh bien, oui, « aimé ». Souvenez-vous du premier interrogatoire, celui du métreur, David Girard. Et tous les autres employés ont dit la même chose : Jean-Paul Perrin était généreux. Ils l'appellent même : J.P.P. ! Comme un ami.

– Inspecteur, déjà, quand quelqu'un meurt normalement, tout le monde dit du bien. Alors, quand il y a un meurtre, et que la police est là, imaginez !

– Ils auraient pu simplement dire que J.P.P. était un patron normal. Cependant, ils ont dit beaucoup de bien. Beaucoup !

– Pas seulement du bien, inspecteur, corrige Lorenz. Ils ont dit aussi qu'il dépensait beaucoup d'argent et qu'il était coureur[7]. L'argent, ça fait des envieux. Et un coureur, ça fait… ça fait…

– Ça fait des cocus[8] ! explose Sommard. Imaginez le nombre d'hommes qui auraient voulu le tuer !

– Et puis il y a sa femme, reprend doucement Béatrice. Elle a dû souffrir. Et surtout, nous l'avons rencontrée : elle ne semble ni faible ni naïve !

Julien décide alors :

– Eh bien, allons la rencontrer de nouveau.

Et, de nouveau, les trois policiers se rendent dans le quartier de La Roseraie. En s'arrêtant devant la maison, l'agent Sommard commente :

– Cette maison, elle est tellement grande… On dirait un hôtel !

L'inspecteur et ses agents attendent un certain temps avant que la porte ne s'ouvre. Madame Perrin, enfin, apparaît sur le seuil. Comme la première fois, sa coiffure et son maquillage sont impeccables. Son visage ne comporte aucune trace d'émotion :

– Je ne peux pas vous empêcher d'entrer, je suppose.

Dulac essaie de cacher son agacement :

– Madame, nous enquêtons sur la mort de votre mari. Pourquoi ne pas vouloir coopérer ?

– Mais, cher monsieur...

– Appelez-moi simplement « inspecteur ».

– Mais, cher monsieur l'inspecteur, insiste madame

Perrin, vous...

– C'est assez, interrompt Julien. Nous devons vous interroger. Entrons, et répondez à nos questions.

À peine assis, Dulac commence :

– Vos nom, prénom, âge et qualité ?

– Vous ne les connaissez pas ?

– Répondez !

Madame Perrin soupire[9] alors avec mépris[10] : « Stéphanie Juliard, épouse Perrin, 44 ans, sans profession.

– Vous n'avez jamais travaillé ?

Soudain, l'épouse du chef d'entreprise se trouble.

– Euh.. Oui. Et alors ?

– Que faisiez-vous ?

– J'ai travaillé avec mon mari pendant cinq ans.

– Et avant ?

– Je…

Stéphanie Perrin ne parvient pas à s'exprimer. L'inspecteur s'adresse aux deux brigadiers :

– S'il vous plaît, laissez-nous seuls. Je vous retrouve dans la voiture.

Puis, à madame Perrin :

– Si vous le voulez bien nous allons tout reprendre depuis le début. »

Environ une heure plus tard, l'inspecteur sort de la maison et se dirige vers la voiture. Sommard et Lorenz n'y sont pas. Durant l'interrogatoire de l'épouse de l'entrepreneur, les deux agents ont commencé une enquête de voisinage. Quand Julien les appelle sur leur portable, Lorenz continue l'enquête. Sommard, lui, retourne à la voiture. Il s'adresse à Julien :

– Inspecteur, vous souriez. Vous avez du lourd[11] !

– Mais non, Sommard, je ne souris pas. Il s'agit d'un meurtre. Un homme est mort, ne l'oubliez pas.

– Un homme est mort… mais, désolé, vous souriez lar-ge-ment ! Vous avez appris beaucoup de choses et vous faites le mystérieux ! Ce n'est pas gentil pour moi.

– Attention, Sommard, si je commence à être gentil, je vais vous appeler Émile !

– Alors je ne veux rien savoir, chef ! Où dois-je vous conduire ?

– On retourne chez Perrin Fenêtres. Et dépêchez-vous, brigadier !

1) convoquer : *appeler à se réunir.*
2) un interrogatoire : *suite de questions posées à quelqu'un.*
3) un sentiment : *ce que l'on ressent, ce que l'on éprouve.*
4) une opinion : *manière de penser. Avis, idée, jugement.*
5) apprécié(e) : *aimé, estimé, trouvé bien.*
6) un entourage : *personnes qui entourent habituellement quelqu'un, qui sont les amis, la famille de quelqu'un.*
7) coureur, coureuse : *personne qui recherche les aventures amoureuses.*
8) un(e) cocu(e) : *(style familier) personne dont le mari, la femme, est infidèle.*
9) soupirer : *pousser un soupir, c.-à-d. une respiration longue et profonde qui exprime une émotion.*
10) le mépris : *sentiment par lequel on considère que qqn est indigne d'estime. Dédain.*
11) du lourd : *(style familier) qqch d'important, de grave.*

Chapitre 7

C'est le début de l'après-midi, mais l'enseigne[1] Perrin Fenêtres est restée éclairée. Arrivé à l'accueil, l'inspecteur demande à interroger Solange Lefèbvre. Celle-ci était la secrétaire, ou, plus exactement, le bras droit[2] de Perrin. Elle s'occupe aussi de la gestion du personnel. C'est elle qui est la mieux informée sur l'entreprise. Dulac l'aborde avec précaution :

– Je comprends que cette période est difficile pour tous les employés de votre entreprise. Cependant, j'ai besoin de faire avancer l'enquête. Voulez-vous m'accorder[3] du temps sur votre journée de travail ?

La secrétaire est une personne d'une quarantaine d'années, peut-être moins. C'est une petite femme menue[4], aux cheveux courts, châtains. Elle est pâle et vêtue de gris. Ses gestes sont vifs. Elle semble nerveuse mais elle est attentive aux demandes de l'inspecteur. Julien précise :

– J'ai besoin d'accéder au registre[5] du personnel.

Effectivement, madame Lefèbvre semble vouloir aider la police. Elle répond aux questions de l'inspecteur avec précision mais son attitude est réservée. Julien saura-t-il obtenir autre chose que des réponses courtes ? Il regarde autour de lui. Dans la pièce, comme dans l'ensemble du bâtiment, tout est neuf, bien équipé, fonctionnel et plutôt esthétique. Il n'y a pas de murs mais des parois[6] vitrées. Julien comprend alors que, s'il veut faire vraiment parler la secrétaire, il faut changer d'endroit. D'une voix neutre, il la convoque au commissariat.

– Au commissariat ? s'étonne-t-elle. Mais je vous ai tout dit.

– Simple formalité[7]. Question de procédure. Nous pouvons y aller maintenant, nous gagnerons du temps.

– Mes collègues vont penser que je suis emmenée par la police !

Julien réfléchit : « Terminez vos heures de travail et venez au commissariat, ce ne sera pas long. »

Et, en fin d'après-midi, dans le quartier de Saint-Calmin, une petite femme aux cheveux courts pousse la porte du commissariat. Elle demande à parler à l'inspecteur Julien Dulac. À ce moment-là, Solange Lefèbvre n'est pas plus détendue[8], ses gestes sont toujours vifs et nerveux. Cependant, elle est beaucoup plus bavarde :

– Cet après-midi, vous m'avez demandé le registre du personnel, commence-t-elle. Vous avez vérifié que madame Perrin a travaillé chez Perrin Fenêtres au moment de la création de l'entreprise. Vous avez constaté qu'elle y était restée cinq ans.

– Je vous écoute.

Soudain, la secrétaire explose :

– Perrin lui doit[9] tout ! J.P.P., sans sa femme, n'aurait rien fait. Rien !

Julien se tait. Il l'écoute sans réagir. Madame Lefèbvre continue :

– Stéphanie, madame Perrin, a rencontré son mari il y a environ dix ans. Elle travaillait dans une banque. Il était client de cette banque. C'est comme ça qu'ils se sont connus. Elle est un peu plus âgée que lui. Pas beaucoup. En tout cas, elle avait un bon travail dans cette banque, elle a fait de bonnes études, c'est une femme capable. Quand elle a rencontré J.P.P., lui, ne faisait rien. Il faisait des petits boulots, il était instable[10]. Ils se sont mariés. Elle lui a donné confiance en lui. Elle lui a donné de bons conseils. Elle a obtenu des prêts bancaires pour lui. Ensemble, ils ont créé Perrin Fenêtres. Quand j'y pense ! C'est trop injuste !

– Nous pouvons faire une pause, conseille Julien. Venez, prenons un café dans notre petite cafétéria. Nous avons tout notre temps. Enfin, je ne sais pas… Quelqu'un vous attend ?

– Il n'y a pas de problème.

La « cafétéria » du commissariat n'est qu'une petite cuisine. Ils sont seuls. Julien fait du café pour eux deux. Il résume : « Donc, Jean-Paul Perrin était un homme instable. Sa femme lui a donné confiance en lui... et aussi la possibilité d'un prêt bancaire[11]. Ensemble, ils ont fondé leur entreprise.

– Ils ont beaucoup travaillé. Ensemble. À égalité. Au début, à égalité.

– Cela a changé ? Que s'est-il passé ? Pourquoi madame Perrin est partie de l'entreprise ?

– Cela s'est fait progressivement. Au fur et à mesure que l'entreprise grandissait, J.P.P. mettait sa femme de côté. Après 3-4 ans, J.P.P. dirigeait entièrement le service technique et le service commercial. Le patron, c'était lui. Madame Perrin avait seulement un travail administratif. Ensuite, J.P.P. a engagé un comptable, et puis, il m'a engagée, moi, comme secrétaire. Stéphanie n'avait plus rien à faire.

– Elle a accepté cette situation ?

– C'est difficile à dire... J.P.P. a une façon de faire accepter les choses... C'est difficile à expliquer : il trouve des excuses, il fait des promesses, il est changeant... Il était comme ça avec elle.

– Que s'est-il passé ?

– Rien. Elle est partie. C'est tout. »

1) une enseigne : *panneau portant une inscription qui signale un commerce au public.*
2) un bras droit : *principal assistant, plus proche collaborateur de qqn.*
3) accorder : *consentir à donner.*
4) menu(e) : *petit et mince. Frêle.*

5) un registre : *cahier sur lequel on note des noms, des chiffres, des faits dont on veut garder le souvenir.*
6) une paroi : *surface verticale qui sépare une pièce d'une autre.*
7) une formalité : *1. démarche administrative obligatoire. 2. acte que l'on doit accomplir mais qui n'est pas difficile à faire.*
8) détendu(e) : *calme, décontracté, serein.*
9) devoir : *être redevable de ce que l'on possède, avoir une dette.*
10) instable : *qui change souvent de situation, d'emploi.*
11) un prêt bancaire : *le fait, pour une banque, de prêter de l'argent, c.-à-d. de mettre de l'argent à la disposition d'une personne à condition qu'elle le rende.*

Chapitre 8

Le lendemain matin, arrivé au commissariat, Dulac s'adresse aux deux brigadiers : « Nous devons, de nouveau, interroger le personnel de l'entreprise Perrin Fenêtres. Cette fois-ci nous devrons prendre notre temps. En fait, personne ne nous a menti, mais, on ne nous a pas tout dit : la victime savait charmer[1] son entourage mais pouvait aussi être très désagréable. Perrin pouvait être ingrat[2], injuste, et même méchant.

– Le meurtrier peut être un employé humilié ? demande Sommard.

– Peut-être. Nous allons convoquer certaines personnes au commissariat. Puis nous enquêterons aussi sur place, chez Perrin Fenêtres, mais en prenant plus de temps. Nous travaillerons séparément. Sommard ira au restaurant d'entreprise, il se mêlera aux conversations.

– Là où nous avons déjà déjeuné ? Oh pitié ! s'exclame Sommard.

L'inspecteur n'est pas d'humeur à plaisanter, il enchaîne :

– Je vous donne quelques consignes[3] écrites… Voilà. Et puis, nous nous retrouverons ce soir, dans mon bureau, pour un bilan.

Mais, l'agent Sommard, une fois seul, décide de ne pas obéir à l'inspecteur Dulac. Il ne va pas rencontrer les employés dans l'atelier de Perrin Fenêtres. Il refuse aussi d'aller déjeuner au restaurant d'entreprise et d'écouter les conversations. Émile a une intuition[4]. Il n'en parle pas à Julien. Le brigadier se rend, sans ordre de mission, au Blue Moon.

La boîte de nuit[5] se situe dans un quartier éloigné. Cet endroit ressemble à un village touristique mais avec quelques constructions modernes, de belles villas contemporaines qui ont une vue dominante sur la mer. Parmi ces constructions, un gros cube[6] blanc apparaît. C'est le Blue Moon. Il n'y a aucune ouverture sauf une lourde porte, peinte en noir, fermée. Le brigadier sonne. Il a pris rendez-vous ; il est attendu. Un homme assez jeune, mince, élégant, lui ouvre la porte ; c'est le patron. Il porte des lunettes de soleil qui cachent ses yeux.

– Entrez, inspecteur, dit-il.

– Brigadier, corrige Sommard.

Tous deux traversent un hall luxueux, puis une grande salle avec une piste de danse au centre. Ils montent un escalier sur le côté et accèdent[7] à une immense terrasse. C'est un grand espace avec une autre piste de danse. La vue sur la mer, par cette belle matinée de printemps, fait oublier à Sommard le but de sa visite, il respire à pleins poumons[8] en regardant l'horizon :

– Vous avez là un bel endroit, monsieur Leoni, dit-il à l'homme qui le reçoit.

– Asseyons-nous. Désirez-vous boire quelque chose ?

– Non, merci. Je souhaiterais simplement avoir votre opinion sur le meurtre de Jean-Paul Perrin.

Le jeune patron recule[9] sa chaise et s'installe confortablement. Il réfléchit un instant :

– Mon opinion ? Je n'ai pas d'opinion. Je suis triste. J.P.P. était plus qu'un client, c'était un ami. Un type sympa. Tout le monde...

Sommard ne voit pas les yeux de son interlocuteur. Il voit son propre reflet[10] dans les lunettes de soleil de Leoni. Il l'interrompt :

– Quelqu'un ne le trouvait pas « sympa » du tout. Quelqu'un l'a tué de trois balles de revolver et l'a laissé, mort, baignant[11] dans son sang, sur un petit chemin de campagne.

Alors, le jeune patron réfléchit un peu. Finalement, il dit :

– Jean-Paul en faisait trop. Il aimait la vie. Il aimait la fête. Il aimait le sexe. Mais... c'était trop. Il n'était pas discret. Et puis... il manquait de respect. Il était séduisant, il menait la grande vie, beaucoup de femmes n'ont pas résisté. Mais...

– Mais ?

– Mais, quand il en avait assez, il jetait les gens comme des mouchoirs en papier !

– Selon vous, qui souhaitait sa mort ?

– Qui ? Toutes les femmes abandonnées, tous les maris trompés, et...

– Sa femme ?

– Je ne la connais pas. J.P.P. venait tous les vendredis, ici, avec ses employés. Uniquement les gens de son travail. Vous voyez la grande table, là-bas ? Eh bien, c'est la sienne. Enfin, c'était la sienne. Dix à quinze personnes, tous les vendredis. Alcool sans limite. Champagne. Jusqu'à trois heures du matin. Un bon client ! Mais sa femme, non, je ne l'ai jamais vue.

– Monsieur Leoni, un groupe d'excellents clients vient chez vous, tous les vendredis. Vous êtes aux petits soins[12] pour eux, vous êtes présent, ils boivent, ils ne sont pas discrets...

Sommard s'interrompt. Il se penche en avant. D'un geste, il prend les lunettes de soleil de Leoni, les enlève et les pose sur la table. Le brigadier poursuit :

– Leoni, vous savez beaucoup de choses. Alors, vous allez m'en dire plus !

1) charmer : *séduire par son charme, plaire, attirer.*
2) ingrat(e) : *qui n'a pas de reconnaissance, pas de gratitude pour ce qu'on a fait pour lui.*
3) une consigne : *ordre de faire quelque chose, instruction.*

4) une intuition : *sentiment de comprendre ou de savoir qqch sans avoir besoin de réfléchir et sans pouvoir vérifier.*

5) une boîte de nuit : *lieu ouvert la nuit où l'on boit et où l'on danse.*

6) un cube : *objet en forme de cube, c.-à-d. d'une forme géométrique dont les six faces sont des carrés égaux.*

7) accéder : *pouvoir pénétrer (dans un lieu).*

8) les poumons : *les deux organes situés dans la cage thoracique, qui servent à respirer.*

9) reculer : *aller, ou mettre qqch, en arrière.*

10) un reflet : *image d'une chose qui se réfléchit, qui est renvoyée visuellement.*

11) baigner : *tremper dans un liquide.*

12) être aux petits soins : *être très attentionné.*

Chapitre 9

À présent, le soleil couchant colore d'un jaune orangé les murs extérieurs du commissariat de Saint-Calmin. Ce bâtiment-là n'est pas un cube créé par un grand architecte, c'est un long rectangle, de deux étages, bordé tout le long par un parking.

Il est tard mais l'inspecteur Dulac a convoqué les brigadiers Sommard et Lorenz dans son bureau, l'enquête l'exige.

– Vous voulez commencer, Sommard ? propose Dulac

– Désolé, chef, mais...

– Quoi donc, brigadier ?

– Inspecteur, je n'ai pas interrogé le personnel de Perrin Fenêtres sur place. J'ai préféré prendre rendez-vous avec le patron du Blue Moon, la boîte de nuit préférée de Perrin.

Dulac est fâché[1], mais, pour l'instant, seuls les résultats comptent. Il laisse parler le policier qui poursuit :

– J.P.P. n'était pas un simple « m'as-tu-vu », ni un simple coureur... Ce que j'ai appris n'est pas joli-joli !

– Je vous écoute, Sommard.

– Le chef d'entreprise était un vrai obsédé[2] sexuel. Thierry Leoni, le patron de la boîte de nuit, lui présentait des prostituées[3], des call-girls... Les soirées du vendredi étaient de véritables petites orgies[4]...

Julien reste silencieux. Le brigadier continue :

– Selon Leoni, les employés présents n'étaient pas vraiment obligés de participer à ces soirées. Apparemment, ceux qui venaient, le faisaient de leur plein gré[5]. Et surtout... surtout, les « petites amies » de Jean-Paul Perrin étaient toujours des femmes présentées par Leoni : donc, il n'y a pas de maris trompés et il n'y a pas non plus d'anciennes maîtresses[6] abandonnées. Personne vraiment pour détester J.P.P., pas de jalousie. Vraiment, inspecteur, J.P.P. ne fréquentait que de vraies prostituées, de réelles...

– Oui, oui, ça va, j'ai compris, interrompt Julien. Donc, je résume : pas de maris trompés. Seule, la femme de Perrin pouvait se sentir trahie. Voilà qui simplifie l'enquête.

Dulac se tourne alors vers la brigadière. Lorenz aussi a bien travaillé :

– Parmi les gens convoqués au commissariat, dit-elle, j'ai pu obtenir des témoignages[7] très complets. Nous le savions déjà, Perrin était un homme qui changeait d'humeur facilement, mais, il savait se faire pardonner. Par contre…

– Par contre ?

– Par contre, il a concentré sa mauvaise humeur sur une personne. Une seule personne.

– Qui donc ?

– Solange Lefèbvre, son bras droit.

– Celle qui a remplacé madame Perrin dans l'entreprise ?

– Oui, elle-même. Solange est une femme très sérieuse. Elle travaille beaucoup, elle donne tout son temps à l'entreprise. Au début, son patron était très gentil avec elle. Il la félicitait. Il lui promettait de s'associer avec lui. Et puis, progressivement, il s'est montré méchant. Il a commencé par des critiques, puis des insultes. Il n'était jamais satisfait et il lui donnait toujours plus de travail. Il criait beaucoup. C'était injuste.

L'inspecteur Dulac explique alors : « Solange Lefèbvre n'était pas la seule à avoir été maltraitée[8] dans l'entreprise Perrin. Avant elle, il y a eu madame Perrin, elle-même. C'est exactement le même scénario, dix ans plus tôt. À l'époque, elle aussi a beaucoup travaillé pour l'entreprise. Et même davantage car elle est à l'origine de la création de l'entreprise. Son mari lui devait beaucoup. Mais il a engagé un comptable ; et ensuite il a engagé Solange Lefèbvre. Madame Perrin n'étant plus indispensable, il l'a poussé à partir. Il a été odieux[9] avec elle. »

Julien soupire, il continue : « J.P.P. utilise les gens, puis il ne les supporte plus et il devient méchant envers eux.

– Envers elles ! corrige Lorenz.

– Exact. Ce chef d'entreprise avait toujours besoin d'un souffre-douleur[10]… De préférence quelqu'un de compétent[11]… Et de préférence une femme… »

Un silence s'installe. L'inspecteur propose une pause : « Je commande des pizzas ? »

Sommard est gêné :

– Chef, je suis écœuré[12] par tout ce que j'ai entendu. Leoni, le patron de la boîte, m'a donné beaucoup de détails. Perrin est une ordure[13]. Si vous le permettez, je voudrais rentrer chez moi, retrouver ma femme, et ne plus penser à tout ça.

– Rentrez chez vous, Sommard. Demain, vous ferez un rapport écrit.

Julien se tourne alors vers Béatrice :

– Vous devez avoir besoin de rentrer chez vous, vous aussi ?

– Personne ne m'attend, répond la brigadière spontanément.

L'inspecteur reprend son raisonnement :

– Donc, apparemment, seulement deux personnes voulaient la mort de J.P.P. : madame Perrin et madame Lefèbvre…

– Inspecteur, s'il vous plaît, je suis, moi aussi, écœurée par cette histoire. La victime est une personne très antipathique. Promettez-moi de ne pas parler de l'affaire pendant que… je dégusterai[14] ma Margherita !

1) fâché(e) : *irrité, mécontent.*

2) un obsédé : *personne qui a une obsession, une idée fixe, une image qui tourmente sans cesse l'esprit.*

3) un(e) prostitué(e) : *personne qui a des relations sexuelles avec des clients pour de l'argent.*

4) une orgie : *repas long et bruyant où les gens mangent et boivent trop, et se tiennent mal.*

5) de son plein gré : *sans y être forcé, selon sa volonté.*

6) une maîtresse : *femme avec laquelle un homme a régulièrement des relations sexuelles hors mariage.*

7) un témoignage : *déclaration de ce qu'on a vu et entendu.*

8) maltraiter : *traiter avec brutalité, infliger de mauvais traitements.*

9) odieux, odieuse : *qui inspire le dégoût et l'indignation. Ignoble.*

10) un souffre-douleur : *personne que l'on maltraite, qui est régulièrement l'objet de moqueries.*

11) compétent(e) : *qui a les connaissances suffisantes pour bien juger, pour bien faire son métier.*

12) écœuré(e) : *qui est dégoûté moralement par qqch qui inspire de l'indignation et du mépris.*

13) une ordure : *(style très familier, terme d'injure) personne méprisable.*

14) déguster : *boire ou manger avec un grand plaisir en appréciant le goût d'un aliment, d'une boisson.*

Chapitre 10

Le lendemain, quand l'inspecteur Dulac entre dans son bureau, un agent vient lui remettre un courrier : « Cette lettre a été déposée directement dans notre boîte, elle n'a pas été postée. »

Julien regarde attentivement l'enveloppe : rien de particulier. À l'intérieur, une feuille de papier à lettre ordinaire. L'écriture est simple et appliquée. L'inspecteur lit avec attention :

À l'attention de l'inspecteur Dulac en charge
de l'affaire Perrin

Monsieur l'inspecteur,

Je vous écris car personne n'a le droit de
tuer quelqu'un. Il faut que le meurtre soit puni.
Tous les meurtres doivent être punis.

Jean-Paul Perrin n'était pas un homme
parfait. Il n'avait pas beaucoup de morale[1]. Il
pouvait choquer les gens mais il ne méritait[2]
pas d'être assassiné. Personne ne mérite d'être
tué. Il faut que la justice triomphe, il faut que
les assassins aillent en prison.

Je crois que j'ai vu l'assassin de monsieur
Perrin. En tout cas, un jour, ou plutôt un soir,
un homme est venu chez Perrin Fenêtres. Il était
tard, je ne sais plus exactement, mais c'était
après 19h.

L'homme était très en colère. Il avait un petit couteau avec lui. L'homme était un peu ridicule car il était très très en colère mais son couteau ne paraissait pas très dangereux. Il criait très fort et répétait les mêmes choses : « Ordure ! Salaud[3] ! Je vais te tuer ! Si tu continues d'exploiter ma femme, je te tue ! Si tu l'insultes encore, je te tue ! Tu entends ? Ma femme est trop sérieuse ! Elle est trop gentille ! Elle a peur de toi ! Mais moi, j'ai pas peur, je vais te faire la peau[4] !»

J'ai vu l'homme entrer avec son petit couteau car tous les bureaux ont des cloisons[5] vitrées, mais j'ai eu peur et je me suis cachée. Il ne m'a pas vue. Les portes étaient ouvertes, je l'ai entendu crier. Par contre, je n'ai pas entendu monsieur Perrin. Peut-être qu'il n'a rien dit, ou bien il parlait à voix basse[6].

L'homme est parti en continuant de crier les mêmes choses : « Elle a peur de toi, mais moi non ! Si tu continues, je te tue ! ». Il avait plutôt l'air d'un fou, quelqu'un d'un peu ridicule, très en colère mais pas vraiment dangereux.

Malgré tout, j'ai eu peur, ce genre de chose n'arrive pas tous les jours.

J'ai appris que vous avez interrogé tous les employés. Vous m'avez oubliée, car je ne suis pas dans le registre du personnel. Je fais le ménage chez Perrin Fenêtres tous les soirs, de 19h à 21h, mais mon travail n'est pas déclaré. Ce n'est pas mon choix, c'est celui de mon employeur. Je n'ai pas choisi cette situation, je préférerais travailler légalement[7], mais mon employeur n'a pas voulu.

*Je ne signe pas cette lettre. Officiellement, je
ne travaille pas chez Perrin Fenêtres.*

Julien bondit sur son téléphone : « Cette lettre nous indique un suspect[8] important. Cet homme en colère, c'est le mari de Solange Lefèbvre. Sommard ! Appelez l'agent Lorenz et préparez-vous à partir. Il nous faut absolument l'interroger. Il faut d'abord le localiser, j'espère qu'il n'est pas en fuite[9]. Quoi qu'il en soit, il ne faut pas le prévenir. Il faut le surprendre. C'est peut-être lui, le coupable. »

Pierre Lefèbvre, le mari de Solange, est facile à trouver. Il est chez lui, dans sa petite maison pas très loin de l'entreprise Perrin Fenêtres. Il ne travaille pas, il est au chômage. Quand les policiers arrivent, l'homme ne cherche pas à fuir. Au contraire, il reçoit les policiers très poliment. L'inspecteur Dulac le questionne. Pendant ce temps, Sommard dirige les agents qui vérifient tout dans la maison. Lorenz et d'autres policiers cherchent dans le jardin et le garage.

Julien, resté seul avec le suspect dans le séjour, remarque des armes de collection sur le mur :
– Monsieur Lefèbvre, vous êtes amateur d'armes à feu ?
– Pas particulièrement, inspecteur, ces armes appartenaient à mon père.
– Désolé, je vais être obligé de demander aux agents de les saisir[10].

Et voilà ! L'arme ancienne, probablement le vieux calibre de 8 millimètres qui a tué Perrin, est maintenant dans les mains de la police. C'est aussi simple que cela. Qui est donc cet homme ? Un meurtrier aussi peu malin[11] !
Julien est étonné, mais ne le montre pas : « Monsieur

Lefèbvre, suivez-nous. Vous n'êtes pas obligé de parler, vous pouvez attendre pour cela d'avoir un avocat[12]. Prenez quelques affaires avec vous. »

1) la morale : *ensemble des règles de conduite qui permettent de savoir ce qui est bien.*
2) mériter : *avoir le droit d'obtenir (une récompense), être exposé à subir (un inconvénient).*
3) un salaud : *(style familier) homme méprisable, moralement répugnant.*
4) faire la peau (à qqn) : *(familier) tuer qqn.*
5) une cloison : *mur intérieur qui sépare les pièces d'une maison.*
6) parler à voix basse : *parler tout doucement.*
7) légalement : *conformément à la loi.*
8) un suspect : *une personne que l'on soupçonne, dont on pense qu'elle a commis des actes blâmables mais sans preuves réelles.*
9) une fuite : *mouvement d'un être qui part en fuyant, c.-à-d. en s'éloignant rapidement pour échapper à une menace.*
10) saisir : *(ici) procéder à la saisie de qqch, c.-à-d. à l'acte juridique par lequel on prend les biens de qqn.*
11) malin(e) : *rusé, capable de se tirer d'embarras, de réussir.*
12) un avocat : *personne dont le métier est d'aider les gens à comprendre la loi et à se défendre devant un tribunal.*

Chapitre 11

Dans la salle d'interrogatoire du commissariat de Saint-Calmin, l'atmosphère est lourde. Un petit homme, brun, d'une quarantaine d'années, répond aux questions de l'inspecteur Dulac. Cet homme, soupçonné de meurtre, semble résigné[1].

– Monsieur Lefèbvre, quand avez-vous formé le projet de tuer Jean-Paul Perrin ? demande l'inspecteur.

– Je ne sais pas exactement. Je voulais faire quelque chose. Je voyais ma femme changer. Elle était très fatiguée, de plus en plus fatiguée. Et surtout, elle devenait triste. Quand elle rentrait à la maison, elle ne parlait que du travail. Elle se plaignait de son patron.

– C'est banal. Beaucoup de gens souffrent au travail.

– Oui, mais Solange me répétait les phrases désagréables de son patron. Perrin était impoli, il insultait[2] ma femme, il la traitait[3] mal devant les autres employés. Quand il lui faisait des reproches[4], il laissait la porte ouverte et disait des horreurs…

– Pourquoi votre femme acceptait-elle cette situation ? Elle pouvait partir. Elle pouvait porter plainte[5] en justice.

– C'est difficile à expliquer…

– Vous étiez là pour donner votre avis. Vous pouviez conseiller votre femme, lui dire de partir.

– Solange s'est beaucoup investie chez Perrin Fenêtres. J.P.P. n'a pas toujours été odieux. Au début, il lui faisait beaucoup de compliments. Elle faisait un travail intéressant. Jamais, elle n'a eu autant de responsabilités. Elle était très importante dans l'entreprise, Perrin lui avait même proposé de devenir son associée. Elle croyait que la situation s'arrangerait et redeviendrait comme avant.

Dulac ressent de la sympathie pour l'homme qui est en

face de lui. Mais, c'est un assassin. Julien se reprend[6] :

– Je répète ma question, quand avez-vous décidé de tuer Jean-Paul Perrin ?

– Un soir, j'étais seul, j'ai voulu lui faire peur. J'étais très en colère, je n'ai pas réfléchi : j'ai pris n'importe quel couteau dans la cuisine, un petit truc ridicule. J'ai pris ma voiture, j'ai conduit comme un fou. Je savais que Perrin travaillait tard, plus tard encore que ma femme. Je l'ai menacé[7]. Il n'a rien dit. Il ne m'a pas quitté du regard, d'un air méprisant.

– Il n'a rien dit du tout ?

– Rien, je me suis senti ridicule avec mon petit couteau, j'ai continué de le menacer et je suis sorti du bureau. Après, je suis rentré chez moi. Ma femme n'était pas là, j'étais épuisé, honteux. J'ai pleuré. Puis je me suis calmé. Là, j'ai pris la décision : j'allais le tuer. Vous avez vu mes armes de collection sur le mur de la salle à manger. Je n'ai eu qu'à aller à la cave pour chercher des munitions[8]. J'ai armé mon fusil[9]. Tout était prêt.

– Continuez, monsieur Lefèbvre.

– Je… J'ai attendu quelques jours. J'ai téléphoné à Perrin… Et… Je lui ai donné rendez-vous.

– Où ?

– Euh… Je ne me souviens plus. Tout me semble très étrange à présent.

– Vous ne vous souvenez plus du lieu du rendez-vous ?

– Non.

– Et comment a réagi Perrin ?

– Il… Il a dit qu'il allait venir.

– Vous aviez menacé Perrin de mort quelques jours auparavant. Et quand vous lui téléphonez pour lui donner rendez-vous, il dit qu'il va venir ?

– Oui, oui, c'est ça.

– Et comment s'est passé le rendez-vous ?

– Je l'ai tué, c'est tout.

– Il est venu seul ? Il était armé ?

– Euh… je ne sais plus. J'étais tellement en colère. Je sais juste que j'ai tiré.

– À quel endroit avez-vous tiré ? Au visage ? Au cœur ?

– Je ne sais plus inspecteur. Je ne me souviens de rien.

– Il est mort tout de suite ? Combien de coups avez-vous tirés ?

– Je ne sais plus… je l'ai tué, c'est tout.

Julien décide de faire une pause. Il demande qu'on apporte un sandwich et un verre d'eau au suspect. Cet interrogatoire n'est pas satisfaisant. Lefèbvre ne dit rien qui prouve[10] sa culpabilité. Et puis, ce n'est pas logique : l'homme a tout oublié mais il est sûr d'avoir tué Perrin.

L'inspecteur est énervé[11]. Il n'a plus du tout de sympathie pour Lefèbvre. Il trouve que cet homme est mou[12], sans fierté. Dulac se souvient de la lettre de la femme de ménage : un homme un peu ridicule, pas vraiment dangereux. Il décide alors de confier la suite de l'interrogatoire à un autre inspecteur. Puis, il reprendra encore et encore ses questions. Lefèbvre a peut-être des troubles de mémoire, il a peut-être été choqué par son acte. Ou alors il ment. Il veut faire l'important. Il veut faire croire qu'il a vengé sa femme… En fait, Julien ne comprend rien à cet homme, il le déteste d'instinct, cela fausse son jugement. La mauvaise humeur de l'inspecteur augmente. Mais une chose est sûre, il se dit à lui-même « Lefèbvre finira par craquer.[13] »

1) résigné(e) : *qui accepte sans protester.*
2) insulter : *attaquer par des paroles blessantes, vexantes. Injurier.*
3) traiter : *agir d'une certaine façon avec qqn.*
4) un reproche : *blâme formulé envers une personne pour lui inspirer de la honte ou du regret de ce*

qu'elle a fait. Remontrance.

5) porter plainte : *faire une déclaration en justice d'un dommage dont on est la victime.*

6) se reprendre : *se ressaisir, retrouver son calme, redevenir maître de soi.*

7) menacer : *chercher à faire peur à qqn, à intimider par des menaces.*

8) des munitions : *explosifs et projectiles dont on charge les armes à feu, par exemple des balles.*

9) un fusil : *arme à feu à long canon, qui sert pour la guerre ou pour la chasse.*

10) prouver : *faire apparaître que qqch est vrai. Démontrer, établir.*

11) énervé(e) : *qui est agité, qui est dans un état de grande nervosité.*

12) mou, molle : *qui manque d'énergie, de vitalité.*

13) craquer : *ne plus résister physiquement ou nerveusement. S'effondrer.*

Chapitre 12

Le lendemain matin, quand l'inspecteur Dulac ouvre l'enveloppe qui contient les analyses de la Police Scientifique, il connaît déjà le résultat : le vieux fusil de collection est bien l'arme du crime. Rien de nouveau. Après le meurtre, elle a été soigneusement nettoyée, il n'y a pas d'empreintes digitales[1].

La brigadière Lorenz frappe à la porte. Elle n'attend pas la réponse de l'inspecteur et entre : « Madame Lefèbvre confirme les déclarations de son mari. Le jour du meurtre, elle est rentrée du travail. Chez elle, son mari était assis sans bouger, son fusil à la main. Elle a tout de suite compris. Aussitôt, elle lui a conseillé d'aller à la police. Il fallait avouer. Mais son mari n'a pas voulu. Il a nettoyé l'arme et l'a rangée.

– Mumm…

– Quoi donc inspecteur ?

– Madame Lefèbvre est donc blanche comme neige !

– Le mari a avoué. C'est son arme. Et puis, lui seul sait utiliser un vieux truc comme ça…

– Qu'en savez-vous ?

– C'est l'arme de son père, ou grand-père, je ne sais plus. C'est à lui. Il avait rangé les munitions à la cave.

– Oui, brigadière, le suspect a avoué. Et l'arme est bien la sienne. Seulement, c'est bizarre : il ne sait rien du meurtre. Un meurtrier peut oublier certaines choses à cause de l'émotion. Mais... tout oublier ! Il est même incapable de dire où était exactement le lieu de rendez-vous ! Et puis, c'est invraisemblable, il venait de menacer Perrin. Alors, pourquoi Perrin aurait accepté un rendez-vous quelques jours plus tard avec lui ? Tout cela est absurde !

– Alors, si ce n'est pas lui, c'est elle.

– Madame Lefèbvre ? Oh, non ! L'arme demande beaucoup de force. Une femme n'a pas pu utiliser cette vieille arme. Et puis, il faut savoir tirer avec précision.

– Inspecteur, intéressons-nous à elle.

– C'est déjà fait, Lorenz. Elle a eu une vie très simple, l'enquête a été rapide. Je vais vous lire le rapport :

Solange SIMONET, épouse LEFÈBVRE.

38 ans, née à Saint Flourain de parents agriculteurs.

Études secondaires[2] à Marseille. Elle est décrite par ses professeurs comme une élève brillante, très travailleuse, une enfant sérieuse, fière et ambitieuse. Peu ou pas d'amies.

Ses parents décèdent[3] quand elle a dix-sept ans. Elle fait alors des études courtes et obtient rapidement son diplôme de secrétariat.

Elle est alors engagée comme secrétaire dans une entreprise de menuiserie[4] et rencontre Pierre Lefèbvre sur son lieu de travail. Ils se marient la même année.

Depuis 5 ans, madame Lefèbvre travaille chez Perrin Fenêtres où elle a réorganisé l'entreprise. Elle devait s'associer avec Jean-Paul Perrin et prendre la direction administrative de l'entreprise.

– Ce n'est pas l'histoire d'une vie, c'est l'histoire d'une carrière[5] ! s'exclame Lorenz

– Oui, Solange Lefèbvre est quelqu'un qui vit pour son travail, c'est quelqu'un qui veut prendre une revanche[6] sur la vie. Elle est peut-être capable de tuer pour cela. Mais comment le savoir ? Et comment le prouver ?

Cette fois-ci, dans la salle réservée aux interrogatoires, ce n'est plus un homme mou et sans fierté qui est en face de Dulac, c'est une petite femme fière qui regarde l'inspecteur droit dans les yeux.

Julien a l'air embarrassé :

– Votre mari vient d'avouer[7].

– Je le sais. J'aurais préféré qu'il vienne plus tôt au commissariat…

– Vous ne me comprenez pas, madame Lefèbvre. Votre mari vient d'avouer LA VÉRITÉ. Il vient de nous expliquer comment VOUS avez tué Jean-Paul Perrin.

Solange Lefèbvre ne manifeste rien. Aucune émotion. Elle insiste :

– Ce que vous dites n'a aucun sens. Mon mari a tué Jean-Paul Perrin.

L'inspecteur est impressionné. La petite dame ne tombe pas dans son piège[8], elle a beaucoup d'assurance[9]. Pourquoi est-elle si sûre ? Son mari est faible, la police aurait pu obtenir de lui la vérité… Qui a utilisé le fusil de Pierre Lefèbvre ? Si ce n'est pas sa femme, qui d'autre ?

L'agent Sommard entre dans la pièce. Il parle à voix basse à l'inspecteur. Julien continue les questions :

– Madame Lefèbvre, connaissiez-vous madame Perrin ? Vous l'avez remplacée dans l'entreprise. Avez-vous gardé des contacts avec elle ?

– Aucun contact.

– Inutile de mentir. Nous avons vos relevés téléphoniques[10].

– Qu'est-ce que cela prouve ?

– Les relevés téléphoniques ? Beaucoup de choses ! Vous étiez en relation avec madame Perrin. Souvent. Il y a un lien[11] entre vous et elle.

– Et alors ?

– Et alors ? En ce moment même, nos enquêteurs[12] sont chez elle. Nous examinons ses vêtements, ses chaussures… Nous examinons la moindre chose. Et nous allons prouver que madame Perrin était sur les lieux du crime. Elle sait très bien se servir d'un fusil, nous le savons. C'est une femme grande et forte, elle a la force d'utiliser une arme difficile… Et cette arme, l'arme de votre mari, une seule personne pouvait la lui donner : vous !

1) des empreintes digitales : *traces laissées par la pulpe des doigts dont le dessin, propre à chaque personne, permet une identification précise.*

2) les études secondaires : *enseignement que l'on suit en France de onze à dix-huit ans, avant l'université.*

3) décéder : *mourir.*

4) la menuiserie : *travail du bois pour la fabrication des meubles et pour la décoration.*

5) une carrière : *métier, profession qui présente une progression.*

6) une revanche : *le fait de prendre l'avantage (sur qqn) après avoir eu le dessous.*

7) avouer : *faire des aveux, reconnaître qu'on est coupable.*

8) un piège : *manœuvre organisée contre qqn pour l'attraper par surprise.*

9) l'assurance : *confiance en soi. Aisance.*

10) un relevé téléphonique : *document où sont relevées toutes les communications téléphoniques.*

11) un lien : *ce qui unit des personnes (parenté,*

amitié...).
12) un enquêteur : *une personne qui fait une enquête.*

49

Épilogue

Une fois de plus, au commissariat de Saint-Calmin, on s'apprête[1] à fêter la fin d'une enquête. Plusieurs personnes préparent les tables, apportent des chaises supplémentaires et certains sont allés faire les courses.

Dans la salle aménagée[2] pour la fête, deux policiers, un homme et une femme, sont en grande conversation :

– Voyez-vous, brigadière, ce que je préfère dans la vie, ce sont les fêtes que nous faisons au commissariat quand une belle affaire est résolue[3].

– Résolue ? Inspecteur, vous avez du nouveau ? Solange Lefèbvre et Stéphanie Perrin ont avoué ?

– Oh ! Non ! Chacune accuse l'autre ! Nous verrons bien au procès. Ce sera intéressant de voir le comportement de Solange Lefèbvre. C'est une femme terrible : elle a réussi à être l'amie de la femme du patron, une grande sportive qui chassait avec son père dans sa jeunesse. Solange racontait à Stéphanie Perrin tout ce que faisait J.P.P., au bureau et… aux soirées du vendredi. Au moment où elle a senti que madame Perrin était folle de colère, elle lui a donné l'arme.

– Pauvre madame Perrin !

– Je ne dirais pas ça, brigadière. Ces deux femmes sont aussi terribles l'une que l'autre ! Quand j'ai été seul avec Stéphanie, celle-ci m'a parlé de beaucoup de choses mais aussi de Solange et de son mari, et aussi, comme par hasard, des armes de collection de monsieur Lefèbvre. Elle espérait faire accuser[4] le couple.

– Et que vient faire le mari, Pierre Lefèbvre, dans cette histoire ?

– Rien. Lefèbvre n'était au courant de rien. Un soir, il a voulu faire peur à J.P.P., en vain. Il n'a rien fait d'autre.

Seulement, quand nous sommes venus chez lui, il a voulu jouer les héros, il a voulu se sacrifier, s'accuser d'un crime qu'il n'avait pas commis.

– Le pauvre homme ! Et en plus, sa femme n'a pas hésité à l'accuser.

– Le pauvre homme, comme vous dites, n'a pas très bien joué son rôle. Peut-être qu'il n'avait pas vraiment envie de bien le jouer !

– Oh là là ! Ces trois-là sont lamentables.

La conversation est interrompue par un agent venu poser les boissons sur la table. Béatrice Lorenz change de sujet : « Inspecteur, il me semble que vous avez l'air particulièrement content.

– Oui, Lorenz, en début de semaine, je me sentais un peu seul. Mais, quand je vois comment tournent certains mariages ! Je me dis que j'ai de la chance.

– Vous avez de la chance… de vivre avec maman ?

– Oh ! Béatrice ! Vous vous moquez[5] de moi ! Je tiens à vous dire que, contrairement à ce que tout le monde pense, je ne vis pas avec ma mère. J'ai un appartement à moi, pas très loin du commissariat, très agréable, très bien aménagé, et… je fais très bien la cuisine.

– Vous m'inquiétez, inspecteur… Cela ressemble à une demande en mariage !

– Certainement pas, brigadière Lorenz. C'est beaucoup mieux : c'est une simple invitation à dîner ! »

1) s'apprêter : *se préparer.*
2) aménagé(e) : *arranger, installer un lieu pour un certain usage.*
3) résoudre : *découvrir la solution de (un problème).*
4) accuser : *dire que qqn est coupable.*
5) se moquer de : *tourner en ridicule, en rire.*

VOCABULAIRE THÉMATIQUE

Vous avez rencontré ces mots dans le texte.

Les reconnaissez-vous ?

La police

un commissariat : *bâtiment où sont installés les bureaux d'un commissaire de police.*

un inspecteur : *fonctionnaire de police en civil qui travaille sous les ordres d'un commissaire.*

un brigadier, une brigadière : *policier ou militaire ayant le grade le moins élevé.*

une procédure : *l'ensemble des actes, des formalités qu'il faut accomplir pour parvenir à un résultat.*

un commissaire : *officier de la police nationale qui s'occupe du maintien de l'ordre et de la sécurité, et qui a sous ses ordres des inspecteurs et des agents de police.*

un agent : *personne employée par les services publics ou par des entreprises.*

une affaire : *ensemble des faits créant une situation compliquée.*

un crime : *faute très grave punie par la loi.*

un flic : *(familier) policier.*

une formalité : *1. démarche administrative obligatoire. 2. acte que l'on doit accomplir mais qui n'est pas difficile à faire.*

L'enquête

une enquête : *recherche de la vérité par l'écoute de témoins et la réunion d'informations et d'indices.*

un enquêteur : *une personne qui fait une enquête.*

résoudre : *découvrir la solution de (un problème).*

la morgue : *lieu où l'on dépose provisoirement le corps des personnes qui viennent de mourir.*

un médecin légiste : *médecin chargé d'examiner le corps d'une personne morte.*

un interrogatoire : *suite de questions posées à quelqu'un.*

un suspect : *une personne que l'on soupçonne, c.-à-d. dont on pense qu'elle a commis des actes blâmables mais sans preuves réelles.*

un témoignage : *déclaration de ce qu'on a vu et entendu.*

des empreintes digitales : *traces laissées par la pulpe des doigts dont le dessin, propre à chaque personne, permet une identification précise.*

accuser : *dire que qqn est coupable.*

un coupable : *une personne qui a fait qqch de mal.*

avouer : *faire des aveux, reconnaître qu'on est coupable.*

prouver : *faire apparaître que qqch est vrai. Démontrer, établir.*

résoudre : *découvrir la solution de (un problème).*

un relevé téléphonique : *document où sont relevées toutes les communications téléphoniques.*

Le meurtre, les armes

un fusil : *arme à feu à long canon, qui sert pour la guerre ou pour la chasse.*

faire la peau (à qqn) : *(familier) tuer qqn*

commettre : *faire (quelque chose de mal).*

des munitions : *explosifs et projectiles dont on charge les armes à feu, par exemple des balles.*

une cible : *but que l'on vise et sur lequel on tire.*

un tueur : *personne dont le métier est de tuer.*

un meurtre : *action de tuer volontairement quelqu'un. Crime, homicide, assassinat.*

décéder : *mourir.*

une balle : *petit objet de métal envoyé par une arme à feu et qui peut blesser ou tuer.*

un calibre : *diamètre intérieur du canon d'une arme à feu.*

assassiner : *tuer volontairement.*

un assassin : *qqn qui tue volontairement.*

une arme : *instrument qui sert à tuer ou à blesser.*

un décès : *mort d'une personne.*

La justice, le droit, la morale

un avocat : *personne dont le métier est d'aider les gens à comprendre la loi et à se défendre devant un tribunal.*

porter plainte : *faire une déclaration en justice d'un dommage dont on est la victime.*

des circonstances atténuantes : *faits qui diminuent l'importance d'une mauvaise action.*

légalement : *conformément à la loi.*

saisir : *procéder à la saisie de qqch, c.-à-d. à l'acte juridique par lequel on prend les biens de qqn.*

la morale : *ensemble des règles de conduite qui permettent de savoir ce qui est bien.*

Le travail, l'entreprise, l'argent

une carrière : *métier, profession qui présente une progression.*

la menuiserie : *travail du bois pour la fabrication des meubles et pour la décoration.*

un(e) prostitué(e) : *personne qui a des relations sexuelles avec des clients pour de l'argent.*

un prêt bancaire : *le fait, pour une banque, de prêter de l'argent, c.-à-d. de mettre de l'argent à la disposition d'une personne à condition qu'elle le rende.*

un registre : *cahier sur lequel on note des noms, des chiffres, des faits dont on veut garder le souvenir.*

une enseigne : *panneau portant une inscription qui signale un commerce au public.*

un bras droit : *principal assistant, plus proche collaborateur de qqn.*

un concurrent : *personne en concurrence, en rivalité avec qqn d'autre.*

un chantier : *lieu où des ouvriers travaillent ensemble pour construire une maison ou autre chose.*

une dette : *somme d'argent qu'une personne doit à une*

autre personne.

un atelier : *lieu où travaille un artisan, un ouvrier.*

le personnel : *ensemble des personnes qui travaillent dans une entreprise.*

un métreur : *ouvrier dont le métier est de mesurer.*

un patron, une patronne : *personne qui dirige une entreprise industrielle ou commerciale ; employeur ; artisan ou commerçant qui est propriétaire de son commerce.*

convoquer : *appeler à se réunir.*

une consigne : *ordre de faire quelque chose, instruction.*

Le caractère

mou, molle : *qui manque d'énergie, de vitalité.*

méprisant(e) : *qui manifeste du mépris, qui considère qqn comme indigne d'attention. Arrogant, dédaigneux.*

exigeant(e) : *qui a l'habitude d'exiger, qui est difficile à satisfaire.*

volage : *qui change facilement de sentiment, infidèle.*

infidèle : *qui est changeant dans ses sentiments, en particulier en amour.*

un « m'as-tu-vu » : *personne qui aime être regardée et*

admirée.

ingrat(e) : *qui n'a pas de reconnaissance, pas de gratitude pour ce qu'on a fait pour lui.*

coureur, coureuse : *personne qui recherche les aventures amoureuses.*

instable : *qui change souvent de situation, d'emploi.*

compétent(e) : *qui a les connaissances suffisantes pour bien juger, pour bien faire son métier.*

un obsédé : *personne qui a une obsession, une idée fixe, une image qui tourmente sans cesse l'esprit.*

malin(e) : *rusé, capable de se tirer d'embarras, de réussir.*

un personnage : *personne représentée dans un roman, dans un film, dans une pièce de théâtre.*

Aspect physique

menu(e) : *petit et mince. Frêle.*

chauve : *qui n'a plus de cheveux.*

Les humeurs, les attitudes, les comportements

résigné(e) : *qui accepte sans protester.*

odieux, odieuse : *qui inspire le dégoût et l'indignation. Ignoble.*

un souffre-douleur : *personne que l'on maltraite, qui est régulièrement l'objet de moqueries.*

le mépris : *sentiment par lequel on considère que qqn est indigne d'estime. Dédain.*

mécontent(e) : *qui n'est pas content, pas satisfait. Contrarié.*

détendu(e) : *calme, décontracté, serein.*

l'humeur : *fait de se sentir gai ou triste à un moment donné.*

énervé(e) : *qui est agité, qui est dans un état de grande nervosité.*

un sentiment : *ce que l'on ressent, ce que l'on éprouve.*

une opinion : *manière de penser. Avis, idée, jugement.*

apprécié(e) : *aimé, estimé, trouvé bien.*

une intuition : *sentiment de comprendre ou de savoir qqch sans avoir besoin de réfléchir et sans pouvoir vérifier.*

écœuré(e) : *qui est dégoûté moralement par qqch qui inspire de l'indignation et du mépris.*

être aux petits soins : *être très attentionné.*

fâché(e) : *irrité, mécontent.*

Les lieux

un domicile : *lieu où l'on habite.*

une boîte de nuit : *lieu ouvert la nuit où l'on boit et où l'on danse.*

un lieu : *partie précise de l'espace. Endroit, place.*

une zone : *portion de territoire.*

vitré(e) : *garni de vitres, c.-à-d. de panneaux de verre.*

une jetée : *construction, mur qui protège le port des vagues.*

une cloison : *mur intérieur qui sépare les pièces d'une maison.*

une paroi : *surface verticale qui sépare une pièce d'une autre.*

une calanque : *lieu où la mer pénètre profondément dans les rochers, en Méditerranée.*

Les déplacements, les mouvements, la voiture

se rendre : *aller quelque part.*

ralentir : *rendre plus lent (un mouvement, une progression). Freiner.*

reculer : *aller, ou mettre qqch, en arrière.*

une fuite : *mouvement d'un être qui part en fuyant, c.-à-d. en s'éloignant rapidement pour échapper à une menace.*

un volant : *objet circulaire qui permet de tourner les roues d'un véhicule. Être au volant : conduire.*

un deux-roues : *véhicule à deux roues (bicyclette, cyclomoteur, moto).*

une vitre : *panneau de verre permettant de voir à l'extérieur lorsqu'on est dans un véhicule.*

Les actions, les attitudes

se détromper : *se rendre compte que l'on s'est trompé.*

se passer de : *vivre sans, agir sans.*

soupirer : *pousser un soupir, c.-à-d. une respiration longue et profonde qui exprime une émotion.*

prévenir : *avertir, informer.*

pardonner : *excuser (une faute), ne pas en vouloir à la personne qui l'a commise.*

apaiser : *calmer*

accorder : *consentir à donner.*

devoir : *être redevable de ce que l'on possède, avoir une dette.*

accéder : *pouvoir pénétrer (dans un lieu).*

baigner : *tremper dans un liquide.*

mériter : *avoir le droit d'obtenir (une récompense), être exposé à subir (un inconvénient).*

parler à voix basse : *parler tout doucement.*

se reprendre : *se ressaisir, retrouver son calme, redevenir maître de soi.*

de son plein gré : *sans y être forcé, selon sa volonté.*

craquer : *ne plus résister physiquement ou nerveusement. S'effondrer.*

s'apprêter à : *se préparer (à).*

aménager : *arranger, installer un lieu pour un certain usage.*

Les actions agressives

menacer : *chercher à faire peur à qqn, à intimider par des menaces.*

se moquer de : *tourner en ridicule, en rire.*

insulter : *attaquer par des paroles blessantes, vexantes.*

Injurier.

traiter : *agir d'une certaine façon avec qqn.*

maltraiter : *traiter avec brutalité, infliger de mauvais traitements.*

un reproche : *blâme formulé envers une personne pour lui inspirer de la honte ou du regret de ce qu'elle a fait. Remontrance.*

casser les pieds à qqn : *le gêner, l'ennuyer.*

un piège : *manœuvre organisée contre qqn pour l'attraper par surprise.*

une revanche : *le fait de prendre l'avantage (sur qqn) après avoir eu le dessous.*

Le corps

les poumons : *les deux organes situés dans la cage thoracique, qui servent à respirer.*

vital(e) : *essentiel, indispensable à la vie d'un individu.*

Les objets, les formes

un cube : *objet en forme de cube, c.-à-d. d'une forme géométrique dont les six faces sont des carrés égaux.*

dense : *qui comporte beaucoup d'éléments dans peu de place. Épais, compact.*

un truc : *(style familier) chose non identifiée. Bidule, machin.*

un reflet : *image d'une chose qui se réfléchit, qui est renvoyée visuellement.*

du lourd : *(style familier) qqch d'important, de grave.*

Les repas

des provisions : *nourriture et choses nécessaires à la vie de la maison.*

un buffet : *grande table sur laquelle sont posés des plats de nourriture.*

une orgie : *repas long et bruyant où les gens mangent et boivent trop, et se tiennent mal.*

pique-niquer : *faire un pique-nique, c.-à-d. un repas en plein air.*

déguster : *boire ou manger avec un grand plaisir en appréciant le goût d'un aliment, d'une boisson.*

Les relations, les liens, les insultes

un lien : *ce qui unit des personnes (parenté, amitié...).*

tromper : *être infidèle à son partenaire amoureux, à son mari/sa femme.*

un entourage : *personnes qui entourent habituellement quelqu'un, qui sont les amis, la famille de quelqu'un.*

un(e) cocu(e) : *(style familier) personne dont le mari, la femme, est infidèle.*

une maîtresse : *femme avec laquelle un homme a régulièrement des relations sexuelles hors mariage.*

un salaud : *(style familier) homme méprisable, moralement répugnant.*

une ordure : *(style très familier, terme d'injure) personne méprisable.*

charmer : *séduire par son charme, plaire, attirer.*

La météo

le brouillard : *air humide qui empêche de bien voir.*

Les études

les études secondaires : *enseignement que l'on suit en*

France de onze à dix-huit ans, avant l'université.

67

www.ingramcontent.com/pod-product-compliance
Lightning Source LLC
Chambersburg PA
CBHW050610160726
48003CB00003B/1120